AF221021

Impressum
Verlag: BABADADA GmbH, Nedderfeld 112 , 22529 Hamburg
Geschäftsführer / Verlagsleitung: Harald Hof
Druck: Books on Demand GmbH, In de Tarpen 42, 22848 Norderstedt

Imprint
Publisher: BABADADA GmbH, Nedderfeld 112 , 22529 Hamburg, Germany
Managing Director / Publishing direction: Harald Hof
Print: Books on Demand GmbH, In de Tarpen 42, 22848 Norderstedt

мактаб

escola

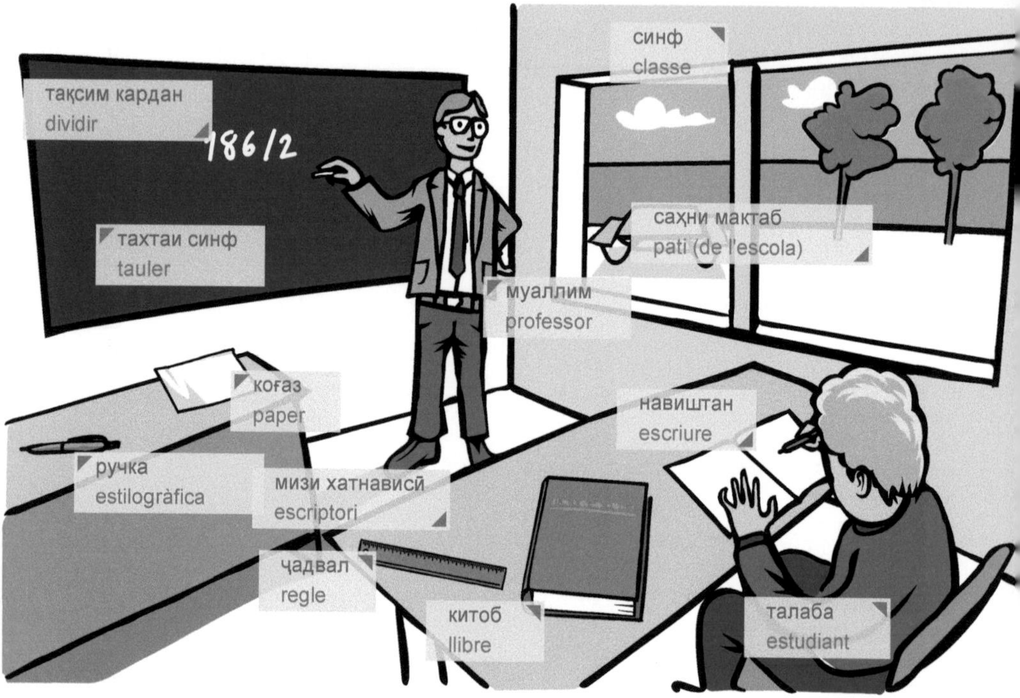
синф
classe
тақсим кардан
dividir
186/2
саҳни мактаб
pati (de l'escola)
тахтаи синф
tauler
муаллим
professor
коғаз
paper
навиштан
escriure
ручка
estilogràfica
мизи хатнависӣ
escriptori
ҷадвал
regle
китоб
llibre
талаба
estudiant

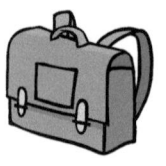

ҷузвдон
bossa

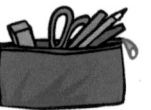

қаламдон
estoig

қалам
llapis

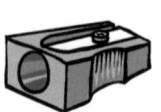

қаламтезкунак
maquineta de fer punta

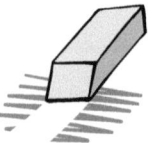

хаткуркунак
goma

блокноти расмкашӣ
bloc de dibuix

расм
dibuix

мӯқалами рассомӣ
pinzell

қуттии рангҳо
capsa de pintures

қайчӣ
tisores

ширеш
cola

дафтари машқ
quadern d'exercicis

вазифаи хонагӣ
deures

рақам
nombre

чамъ кардан
afegir

кам кардан
sostreure

зарб задан
multiplicar

ҳисоб кардан
calcular

ҳарф
lletra

алфавит
alfabet

калима
mot

матн
text

хондан
llegir

бӯр
guix

дарс
lliçó

журнали синфй
llibre de classe

имтиҳон
examen

шаҳодатнома
certificat

либоси мактабй
uniforme escolar

таҳсил/маориф
formació

энсиклопедия
enciclopèdia

донишгоҳ
universitat

микроскоп (more frequently used)
microscopi

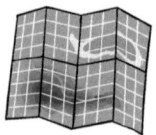

харита
mapa

сабади партофҳои коғазй
paperera

саёҳат

viatge

меҳмонхона
hotel
Grand
хобгоҳ
alberg
ROOMS
нуқтаи мубодилаи асъор
oficina de canvi
чамадон
maleta
мошин
automòbil

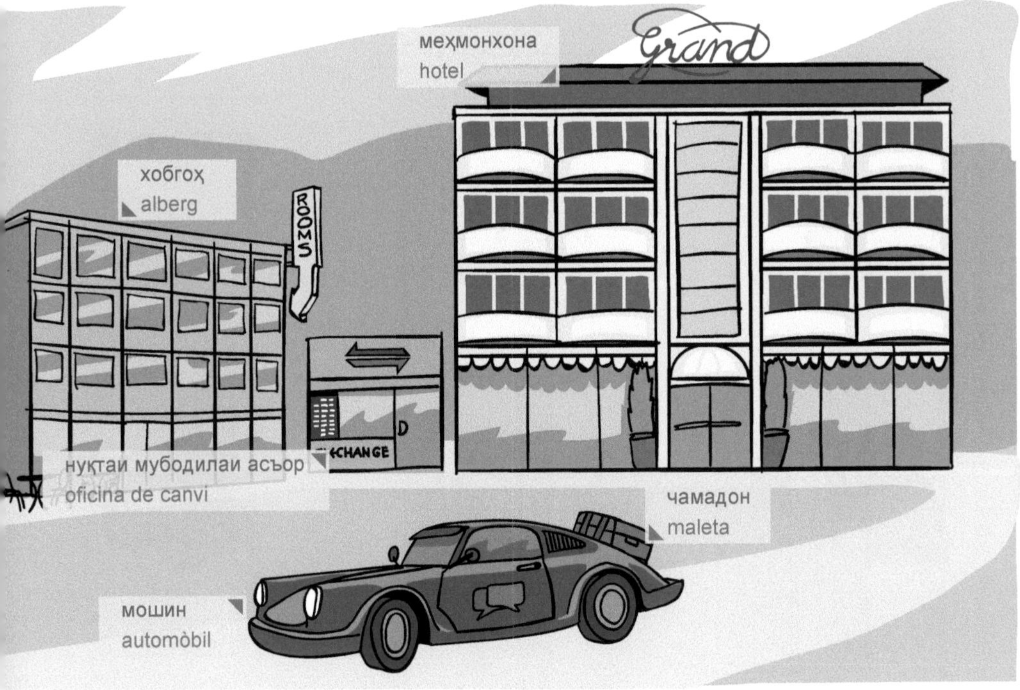

забон

llengua

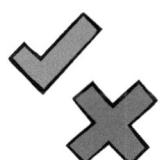

ҳа / не

sí / no

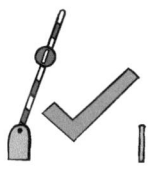

Хуб

D'acord

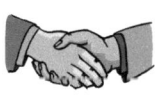

Ассалому алейкум

Ey!

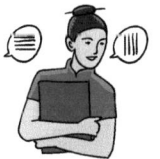

тарҷумон

traductora

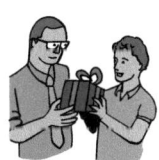

Раҳмат

gràcies

чӣ қадар аст ...?

Quant costa... ?

Ман намефаҳмам

No entenc

проблема

problema

шаб ба хайр!

Bona nit!

субҳ ба хайр

bon dia!

шаби хуш

bona nit!

хайр

fins aviat

равона

direcció

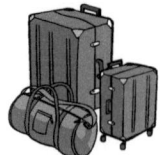

бағоҷ

bagatge

ҷузвдон

bossa

борхалта

sarrona

меҳмон

convidat

хона

cambra

хобхалта

sac de dormir

хайма

tenda

маълумоти сайёҳӣ

oficina de turisme

соҳил

platja

корти кредитӣ

carta de crèdit

наҳорӣ

esmorzar

хӯроки пешин

dinar

хӯроки шом

sopar

чипта

bitllet

лифт

ascensor

марка

segell

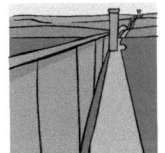

сарҳад

frontera

Гумрук

duana

сафорат

ambaixada

раводид

visat

шиноснома

passaport

нақлиёт
transport

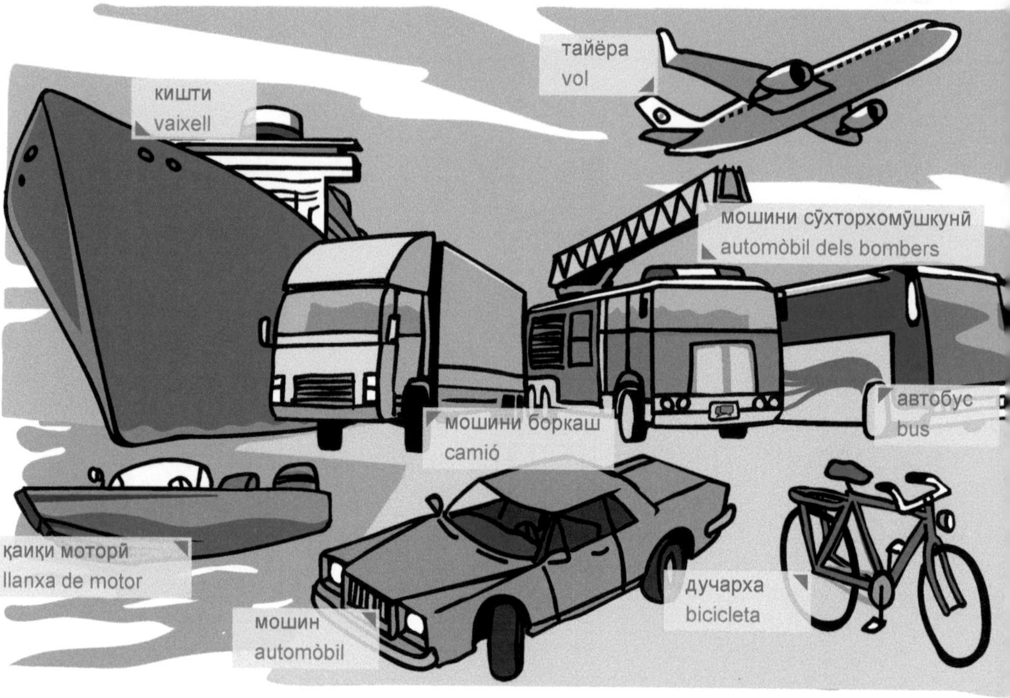
тайёра
vol
кишти
vaixell
мошини сӯхторхомӯшкунӣ
automòbil dels bombers
автобус
bus
мошини боркаш
camió
қаиқи моторӣ
llanxa de motor
дучарха
bicicleta
мошин
automòbil

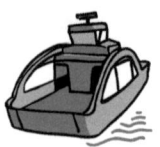

паром
transbordador

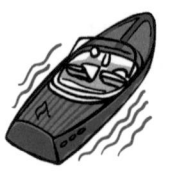

қаиқ
barca

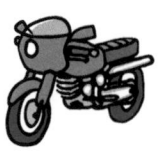

мотосикл
moto

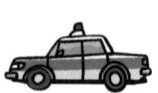

мошини полис
automòbil de policia

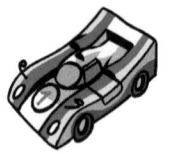

мошини тезрави пойгаи
automòbil de curses

кироям мошинҳо
automòbil de lloguer

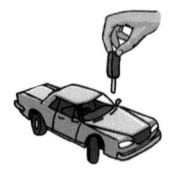

амрох истифодабарии
мошин
....
vehicle compartit

эвакуатор
....
grua

павтовчамъкунй
....
camió de les escombraries

мухаррик
....
motor

сӯзишворй
....
benzina

нуқтаи фурӯши сӯзишворй
....
benzineria

аломати рох
....
senyal de trànsit

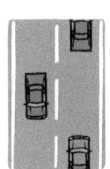

харакат
....
trànsit

бандшавии харакати рох
....
embús

чои исти мошинхо
....
aparcament

истгохи рохи охан
....
estació de trens

рохи охан
....
vies

қатора
....
tren

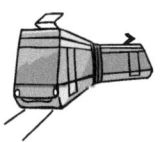

тамвай
....
tramvia

вагон
....
vagó

чархбол

helicòpter

фурудгоҳ

aeroport

манора

torre

мусофир

passatger

контейнер

contenidor

щутии картонӣ

capsa de cartó

ароба

carretó

сабад

cistella

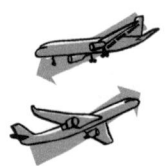

гирифтан / замин

enlairar-se / aterrar

шаҳр

ciutat

деҳа

poble

маркази шаҳр

centre de la ciutat

хона

casa

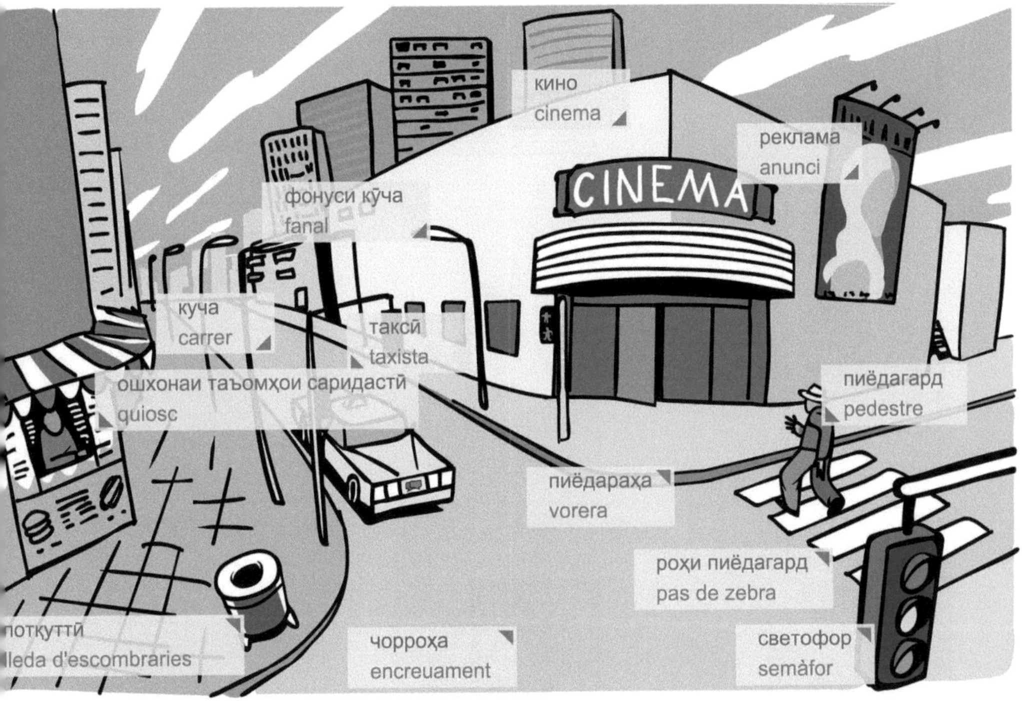

кино
cinema

реклама
anunci

фонуси кӯча
fanal

кӯча
carrer

таксӣ
taxista

ошхонаи таъомхои саридастӣ
quiosc

пиёдагард
pedestre

пиёдараха
vorera

рохи пиёдагард
pas de zebra

поткуттӣ
lleda d'escombraries

чорроха
encreuament

светофор
semàfor

кулба
cabana

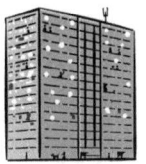

хамвор
apartament

истгохи рохи охан
estació de trens

бинои маъмурияти шахр
casa de la vila-ciutat

осорхона
museu

мактаб
escola

донишгоҳ

universitat

бонк

banca

бемористон

hospital

меҳмонхона

hotel

доухона

farmàcia

идора

oficina

сехи китоб

llibreria

сехи

botiga

мағозаи гулфурӯшӣ

floristeria

супермаркет

supermercat

бозор

mercat

универмаг

gran magatzem

мағозаи моҳифурӯшӣ

peixateria

маркази савдо

centre comercial

бандар

port

парк

parc

бонк

banc

пул

pont

зинапоя

escala

метро

metro

нақби

túnel

истгоҳи автобус

parada d'autobús

бар

bar

тарабхона

restaurant

қуттии почта

bústia de correu

аломати номи кӯчаҳо

senyal indicador

ҳисобкунаки исти мошинҳо

parquímetre

боғи ҳайвонот

zoo

ҳавзи шиноварӣ

piscina

масҷид

mesquita

ферма

granja

ифлоскунй

pol·lució

қабристон

cementiri

калисо

església

майдончаи бозй

parc infantil

маъбад

temple

ландшафт

paisatge

барг
fulla

аломати роҳнамо
cartell indicador

роҳ
camí

алафзор
prat

санг
pedra

сайёҳ
excursionista

дарахт
arbre

дарё
riu

алаф
gespa

гул
flor

водй

vall

кӯҳ

muntanya

кул

llac

беша

bosc

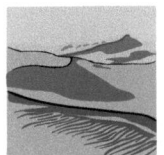

биёбон

desert

вулкан

volcà

қалъа

castell

рангинкамон

arc de Sant Martí

занбӯруғ

bolet

дарати нахл

palmera

хомӯшак

moscard

паридан

mosca

мурча

formiga

занбӯр

abella

тортанак

aranya

гамбӯсак

escarabat

қурбоққа

granota

санчоб

esquirol

хорпушт

eriçó

харгӯш

llebre

бум

òliba

парранда

ocell

мурғи ку

cigne

хуки ваҳшй

senglar

оху

cervo

гавазн

ant

сарбанд

presa

турбина шамол

turbina

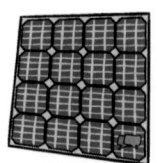

панел офтобй

panell solar

иқлим

clima

тарабхона
restaurant

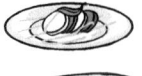

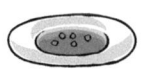

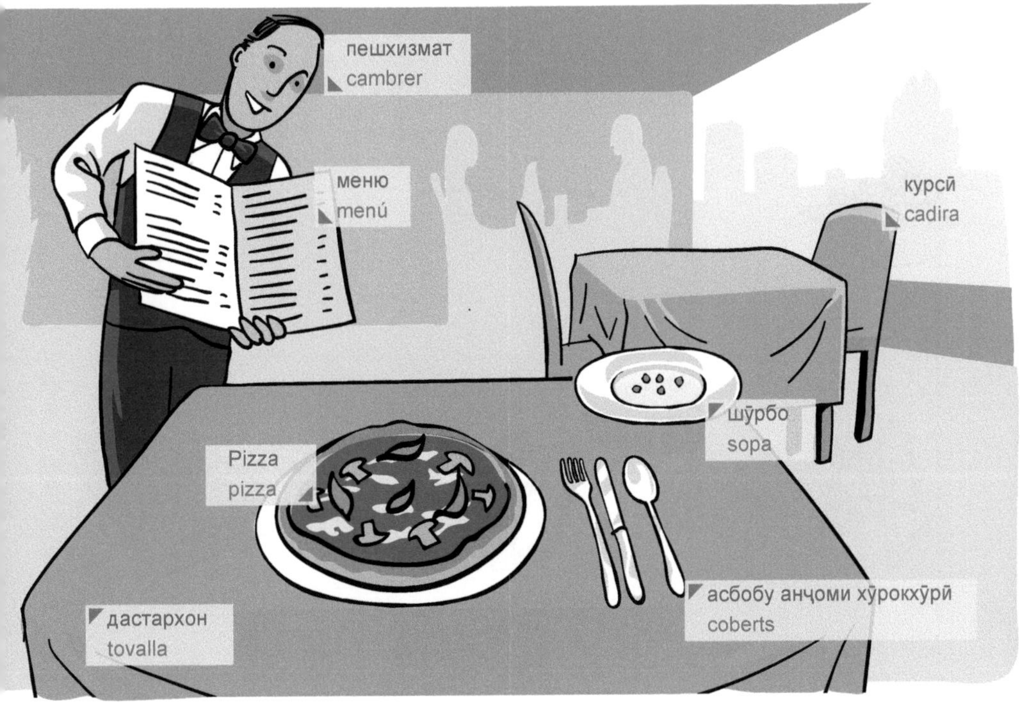

пешхизмат
cambrer
меню
menú
курсӣ
cadira
шӯрбо
sopa
Pizza
pizza
асбобу анҷоми хӯрокхӯрӣ
coberts
дастархон
tovalla

стартер/корандоз

primer plat

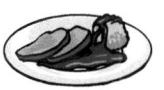

хӯроки асосӣ

plat principal

десерт

darreries

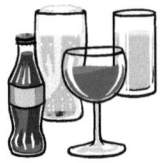

нӯшокиҳои

begudes

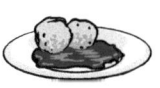

таъом

menjar

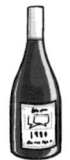

шиша

ampolla

Хӯроки Тез Таёр мешуда

menjar ràpid

хӯроки кӯчагӣ

menjar de carrer

чойник

tetera

шакардон

sucrer

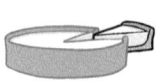

қисм/порча

porció

мошини espresso

màquina d'espresso

курсии кӯдакона

trona

ҳисоб

factura

зарфмонак

plata

корд

ganivet

чангол

forqueta

қошуқ

cullera

қошуқча

cullereta

сачоқи қоғазӣ

tovalló

истакон

got

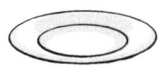

табақча

plat

косача

plat de sopa

тақсимча

plateret

соус

salsa

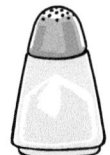

намакдон

saler

мурчдон

molinet de pebre

сирко

vinagre

равғани растанй

oli

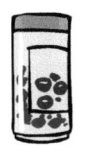

приправа

espècies

кетчуп

quètxup

хардал

mostassa

майонез

maionesa

супермаркет
supermercat

пешниҳоди махсус
oferta especial
FOR
мизоҷ
client
шир
productes lactis
мева
fruites
аробача
carret de la compra

BUTCHERS

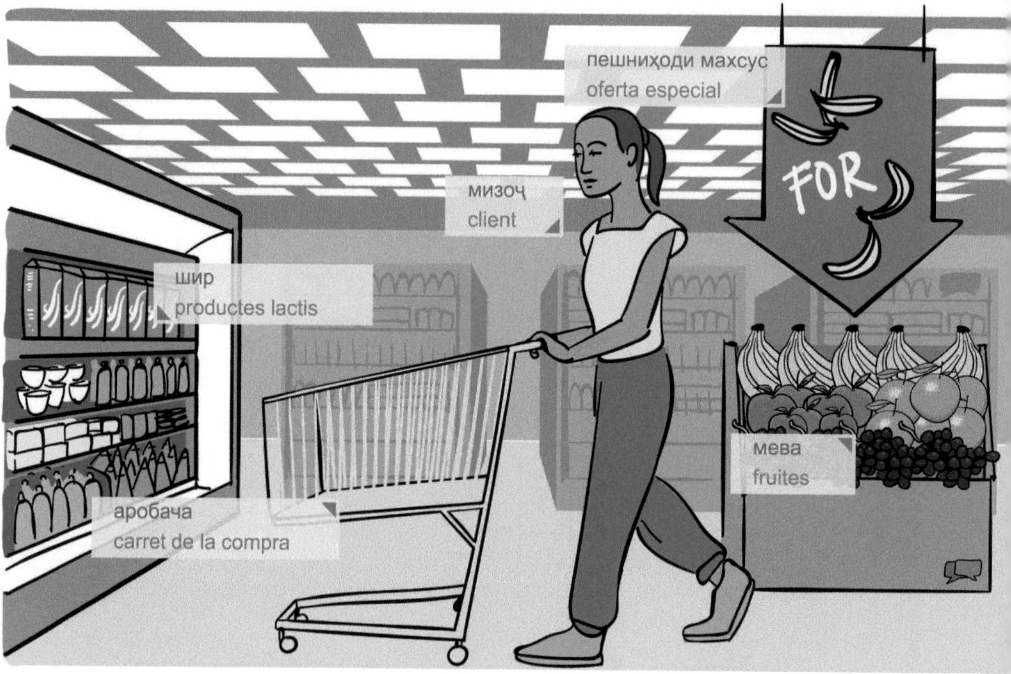

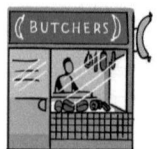

дукони гӯштфурӯшӣ

carnisseria

BAKERY

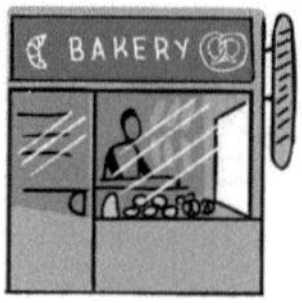

дукони нонфурӯшӣ

forn de pa

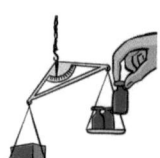

баркашидан

pesar

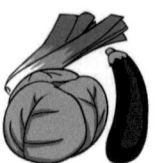

сабзавот

verdures

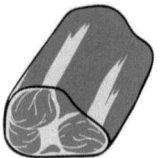

гӯшт

carn

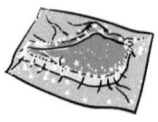

хӯроки яхбаста

menjar congelat

лимхои борик буридаи
гушт

carn freda

озуќаворї
консервонидашуда

conserves

хокаи либосшўй

detergent en pols

ширинї

dolços

асбоби рўзгор

articles domèstics

воситахои тозакунанда

productes de neteja

фурўшанда

venedora

касса

caixa registradora

кассир

caixera

рўихати харидкунї

llista de la compra

соат ифтитохи

horari d'obertura

хамён

portamonedes

корти кредитї

carta de crèdit

чуздо

bossa

пакет

bossa de plàstic

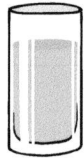

об

aigua

шарбат

suc

шир

llet

кола

coca-cola

шароб

vi

оби ҷав

cervesa

машрубот

alcohol

какао

cacau

чой

te

қаҳва

cafè

эспрессо

espresso

каппучино

cappuccino

банан

banana

себ

poma

норанҷӣ

taronja

харбуза

síndria

лимӯ

llimona

сабзӣ

pastanaga

сир

all

бамбук

bambú

пиёз

ceba

занбӯруғ

bolet

чормағз

avellanes

угро

fideus

спагеттй

espaguetis

биринч

arròs

салат

amanida

картошкаи қоқак

patates fregides

картошкабирён

patates fregides

Pizza

pizza

гамбургер

hamburguesa

бутербурод

entrepà

шнитсел

escalopa

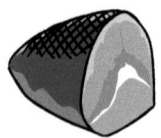

гӯшти намакардаи хук

cuixot

ҳасиби салямй

salami

ҳасиб

salsitxa

мурғ

pollastre

кабоб

rostit

моҳй

peix

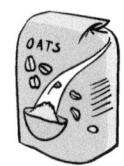

ярмаи ҷав

flocs de civada

омехтаи ғалладонагӣ

musli

ярмаи чуворимакка

cereals

орд

farina

кулчақанд

croissant

кулчақанд

panet

нон

pa

як порча нони бирён

torrada

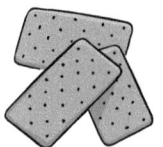

кулчачаҳои қандин

bescuits

маска

mantega

творог

mató

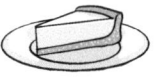

пирог

pastís

тухм

ou

тухм бирён

ou fregit

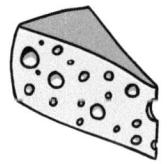

панир

formatge

яхмос

gelat

шакар

sucre

асал

mel

мураббо

melmelada

хамираи ҳалво

crema de xocolata

Curry

curri

хонаи деҳот
granja

анборхона
graner

тойи коҳ
bala de palla

дашт
camp

асп
cavall

ядак
remolc

тойча
poltre

трактор
tractor

хар
ase

баррача
xai

гӯсфанд
ovella

буз
cabra

гов
vaca

гӯсола
vedella

хук
porc

хукча
garrí

буққа
bou

қоз

oca

мурғобй

ànec

чӯча

poll

мурғ

gall

хурӯс

gallina

каламуш

rata

гурба

gat

муш

ratolí

барзагов

bou

саг

gos

хоначаи саг

gossera

рӯдаи резинй

mànega de regar

камобй метавонад

regadora

дос

dalla

сипори шудгоркунии замин

arada

доси

falç

каланд

aixada

панҷшоха

forca

табар

destral

ароба

carretó

охур

abeurador

зарфи ширгирӣ

lletera

халта

sac

девор

tanca

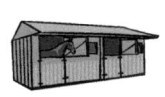

мӯътадил

establa

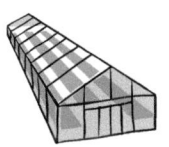

гармхона

hivernacle

хок

sòl

тухмӣ

llavor

нуриҳо

adob

комбайни ғаллағундорӣ

collidora

ҳосил

collir

ҳосил

collita

yams

nyam

гандум

blat

лубиж

soja

картошка

patata

ҷуворӣ

blat de moro o d'indi

донаи маъсар

colza

дарахти мева

arbre fruiter

manioc

mandioca

ғалладона

cereals

хона

casa

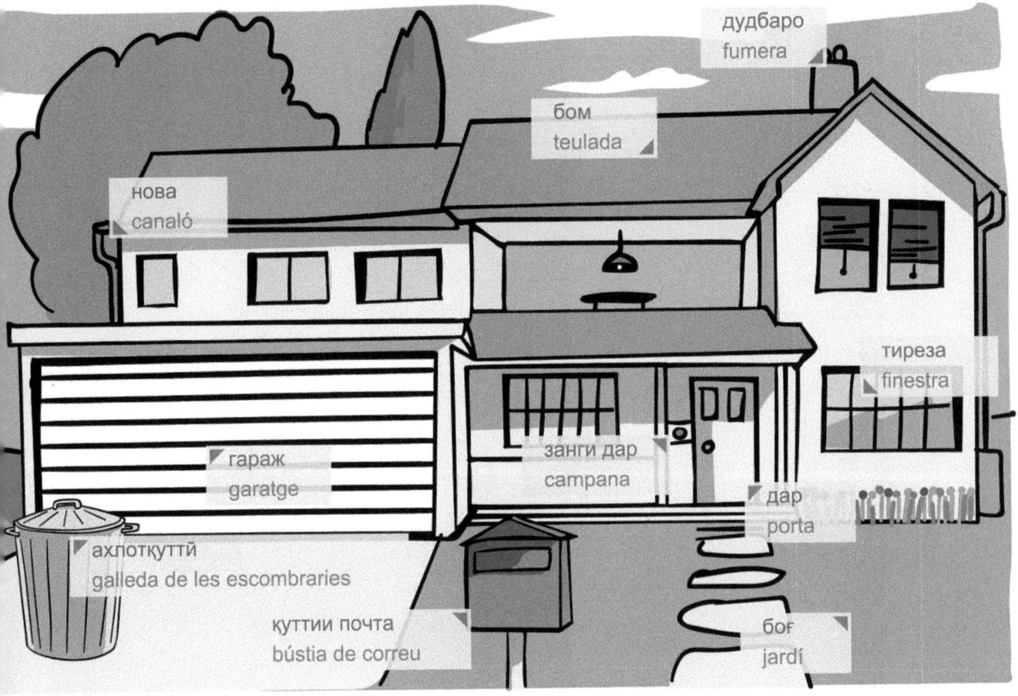

дудбаро
fumera
бом
teulada
нова
canaló
тиреза
finestra
гараж
garatge
занги дар
campana
дар
porta
ахлотқуттӣ
galleda de les escombraries
қуттии почта
bústia de correu
боғ
jardí

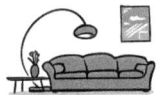

мехмонхона

sala d'estar

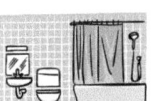

ҳамом

bany

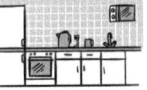

ошхона

cuina

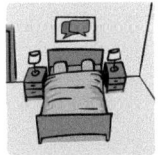

хонаи хоб

cambra de dormir

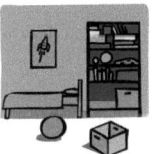

ҳуҷраи кӯдакона

cambra de nen

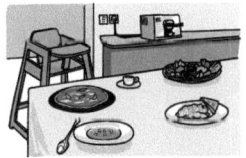

ошхона

menjador

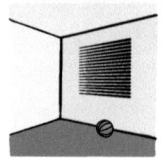

ошёна
sòl

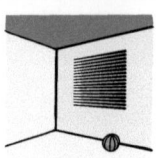

девор
paret

шифт
sostre

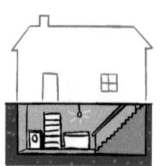

тагзаминй
soterrani

сауна
sauna

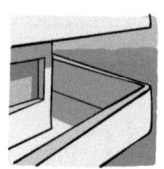

балкон
balcó

суфача
terrassa

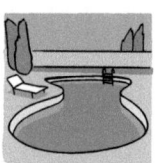

ҳавз
piscina

мошини алафдарав
tallagespa

варақ
vànova

кампал
cobrellit

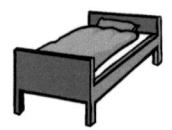

кат
llit

чорӯб
escombra

сатил
galleda

калид
interruptor

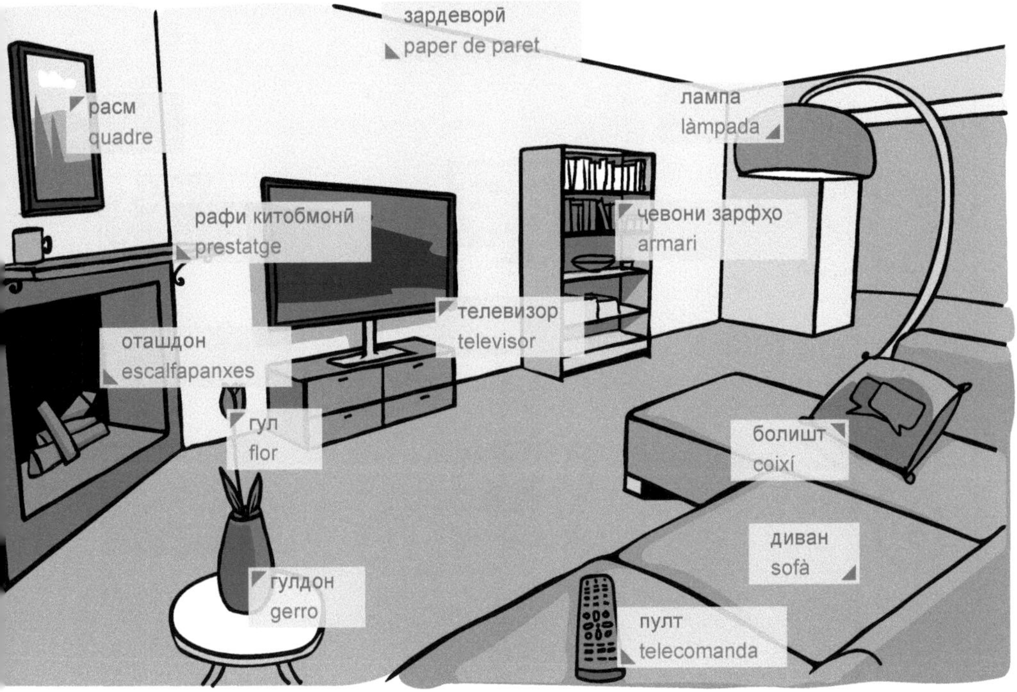

зардеворй
paper de paret

расм
quadre

лампа
làmpada

рафи китобмонй
prestatge

чевони зарфхо
armari

оташдон
escalfapanxes

телевизор
televisor

гул
flor

болишт
coixí

диван
sofà

гулдон
gerro

пулт
telecomanda

қолин

catifa

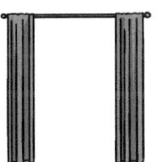

парда

cortina

мизи

taula

курсй

cadira

rocking кафедраи

cadira gronxadora

курсй

cadiral

китоб

llibre

курпа

llençol

ороиш

decoració

ҳезум

llenya

филм

film

дастгоҳи hi-fi

cadena de música

калид

clau

рӯзнома

diari

расм

pintura

эълон

cartell

радио

ràdio

китобчаи қайдҳо

bloc de notes

чангкашак

aspiradora

кактус

cactus

шам

candela

ошхона
cuina

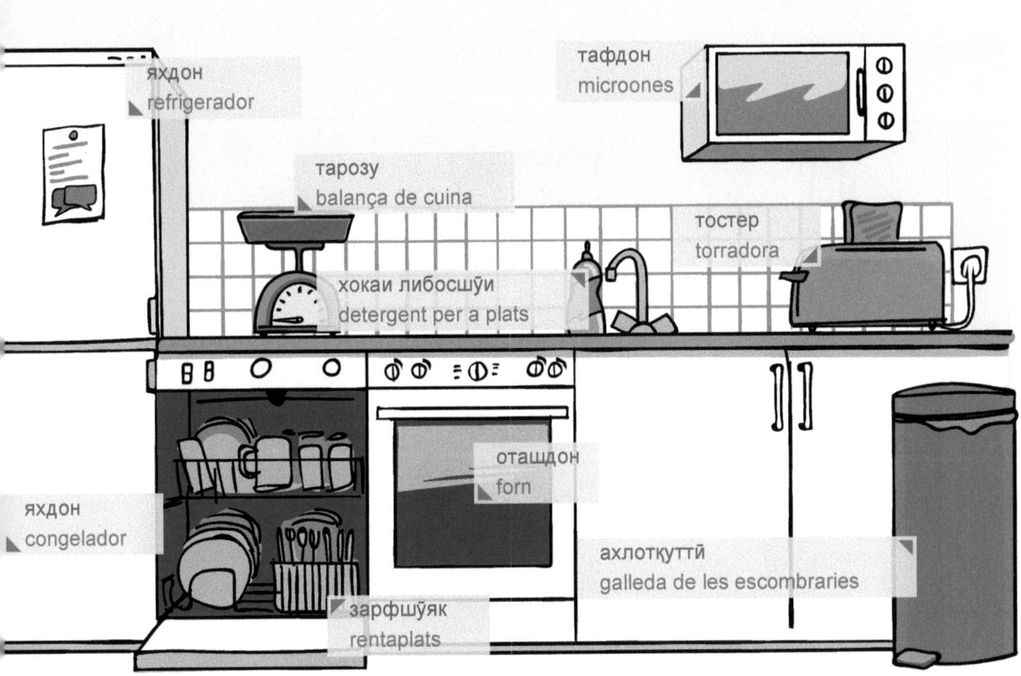

яхдон
refrigerador
тафдон
microones
тарозу
balança de cuina
тостер
torradora
хокаи либосшӯи
detergent per a plats
отащдон
forn
яхдон
congelador
ахлотқуттӣ
galleda de les escombraries
зарфшӯяк
rentaplats

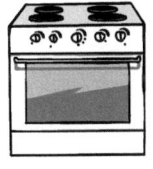

плита

cuina de fogons

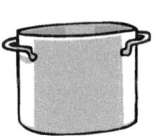

тубак

olla

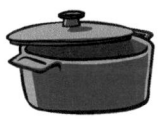

дег

olla de ferro colat

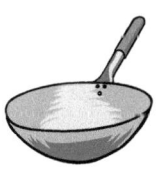

дег / кадй

wok / karahi

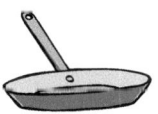

тоба

paella

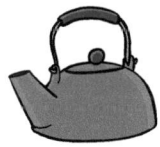

чойник

bullidor

steamer

olla de vapor

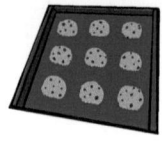

лист

plata de forn

зарф

vaixella

кружка

tassa grossa

коса

bol

чубаки хурокхӯрй

bastonets xinesos

кафлези

culler

кафлези ҳамвор

espàtula

whisk

batedor

strainer

colador

элак

sedàs

турбтарошак

ratllador

миномет

morter

Кабоб Кардан

barbacoa

оташ кушод

foc a terra

тахтаи резакунй

taula de tallar

чӯба

corró

пӯккашак

llevataps

банка

pot de conserva

консервокушояк

obridor

дастак

agafador

дастшӯяк

aigüera

чӯтка

raspall

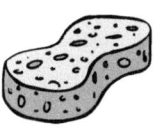

исфанч

esponja

блендер

batedora

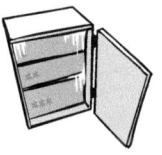

сармодон

congelador

шишача

biberó

чумак

aixeta

ҳамом

bany

гармидиҳӣ
calefacció
сачоқ
tovallola
душ
dutxa
пардаи душ
cortina de dutxa
ваннаи кафкдор
bany de bombolles
ванна
banyera
истакон
got
мошини ҷомашӯӣ
rentadora
ҷумак
aixeta
фарши кошинкорӣ
rajoles
тубак
orinal
дастшӯяк
aigüera

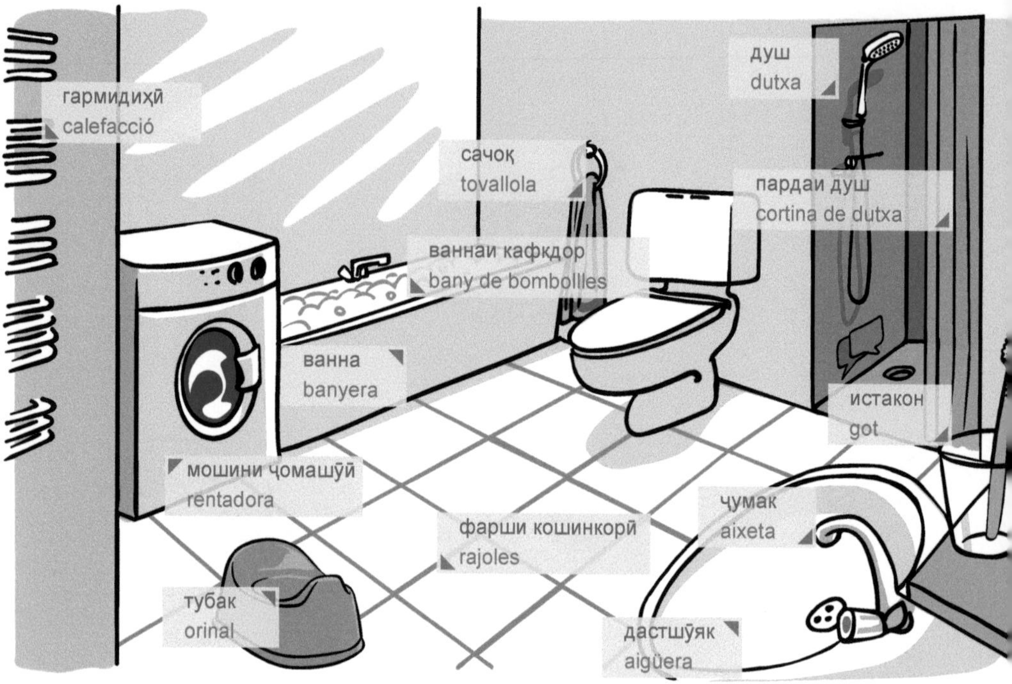

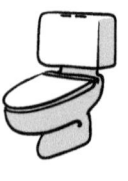

ҳоҷатхона

lavabo

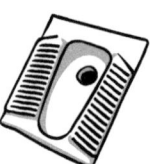

нишастгоҳи халоҷои рӯйфаршӣ

lavabo turc

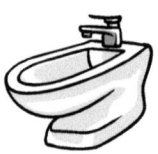

биде

bidet

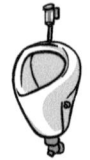

ҳоҷатхонаи мардона

orinador

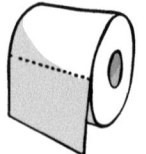

коғази ташноб

paper higiènic

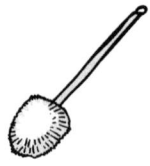

чӯткаи ҳоҷатхона

escombreta de sanitari

дандоншӯяк

raspall de dents

хамираи дандоншӯи

pasta de dents

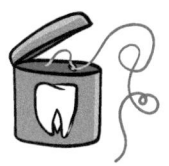

риштаи дандонтозакунӣ

fil dental

шӯстан

rentar

души дастӣ

pom de dutxa

обшӯй

dutxa íntima

ҳавза

rentamans

шона кардани мӯй

raspall per a l'esquena

собун

sabó

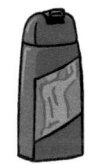

гел барои душ

gel de dutxa

шампун

xampú

бумазӣ

manyopla de bany

заҳкаш

bonera

крем

crema

дезодорант

desodorant

оина

mirall

оинаи дастӣ

mirall-espill de mà

риштарошаки барқи

maquineta de rasar

кафк барои риштарошӣ

espuma de barbejar

оби мушкини баъди
риштарош

loció post-rasada

шона

pinta

чӯтка

raspall

мӯйхушкунак

eixugador

лак барои мӯй

laca

косметика

maquillatge

лабсурхкунак

pintallavis

лок барои нохун

esmalt d'ungles

пахта

cotó

қайчии нохунгирӣ

tallaungles

атриёт

perfum

чузвдони косметики

estoig de bellesa

қазои ҳоҷат

tamboret

тарозу

bàscula

хилъат

barnús

дастпӯшак резина

guants de goma

тампон

compresa higiènica

дастмоли санитарй

compresa

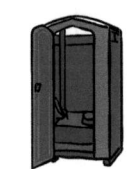

био-ҳоҷатхона

sanitari químic

ҳамом - bany

ҳуҷраи кӯдакона
cambra de nen

соати рӯимизии зангдор
despertador
бозичаи мулоим
animal de peluix
мошини бозича
auto de joguina
тиқ-тиқ кардан
sonall
хоначаи бозичагӣ
casa de nines
ҳузур
present

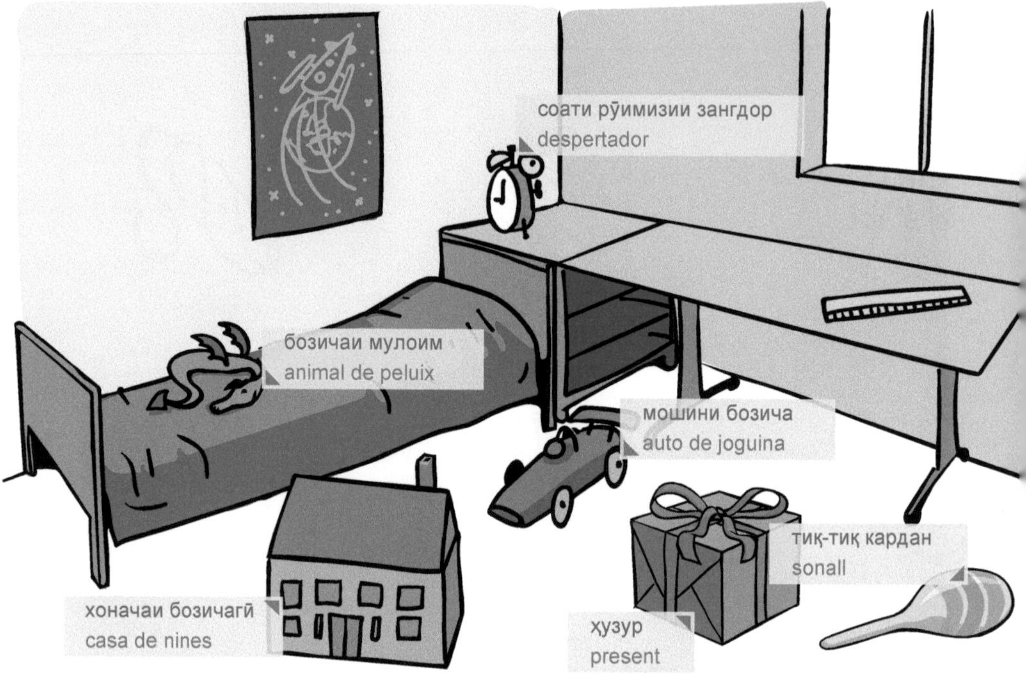

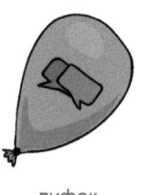

пуфак

baló

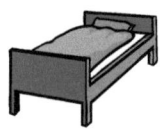

кат

llit

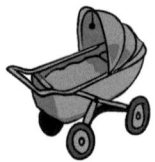

аробочаи кудакона

cotxet per a nens

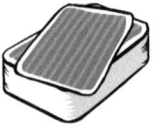

маҷмӯи кортҳо

joc de cartes

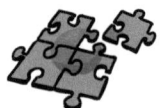

бозии муамоёбӣ

trencaclosca

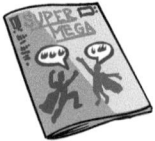

комикс

historieta

хиштҳои лего

peces de lego

мағозаи бозичафурӯхтан

peces de construcció

рақам амал

ninot d'acció

либоси ғаваккашӣ

granota

фрисби

frisbee

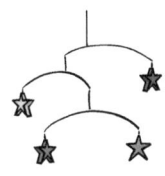

мобилӣ

mòbil per a bressol

лавҳачаи бозӣ

joc de taula

кубик

daus

маҷмӯи модели қатора

tren elèctric

пистонак

xumet

ҳизб

festa

китоби расм

llibre de dibuixos

тӯб

pilota

лӯхтак

nina

бози кардан

jugar

куттии рег

sorrera

арғунчак

gronxador

бозича

joguines

консоли бозиҳои видеой

consola de jocs de vídeo

велосипеди сечарха

tricicle

хирсаки бахмалии патдор

osset de peluix

чевон

armari

либос

roba

чуроб

mitjons

чуроби соқбаланд

mitges

колготки

mitja pantaló

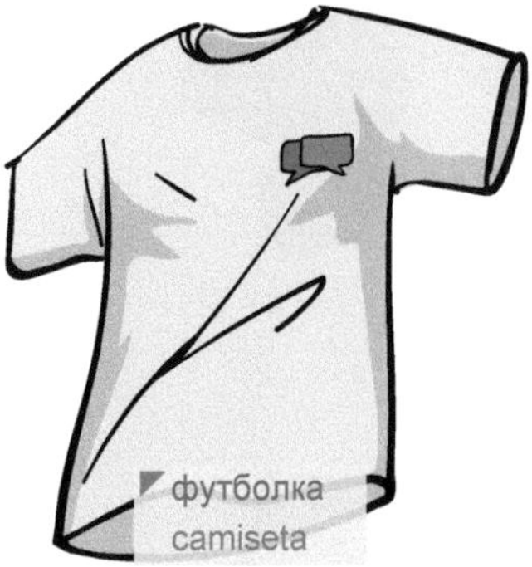

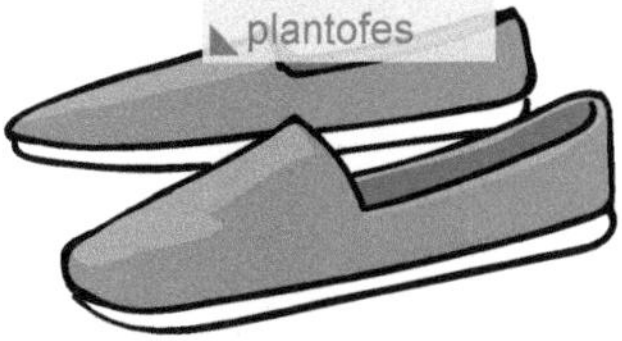

гарданпеч
tapacoll

чатр
paraigua

футболка
camiseta

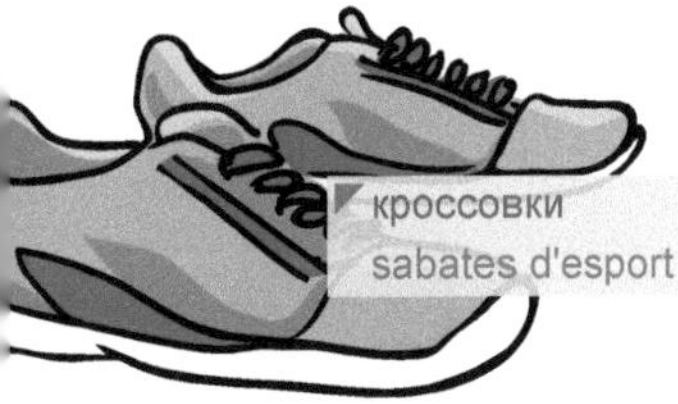

тасма
cintura

пойафзол
botes

шиппак
plantofes

кроссовки
sabates d'esport

босоножкй
....
sandàlies

пойафзол
....
sabates

музаи резинй
....
botes de goma

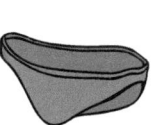

турсй
....
calçonets

синабанд
....
sostenidor

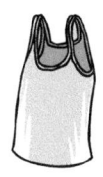

майка
....
guardapits

бадан

jjustacòs

шим

pantalons

чинс

jeans

юбка

faldeta

куртаи нимтаи занона

brusa

курта

camisa

свитер

jersei

свитер

dessuadora

пичак

blazer

нимтана

jaqueta

палто

mantell

плаш

impermeable

костюм

vestit de dona

куртаи занона

vestit de dona

либос тӯйи

vestit de núvia

костюм

vestit d'home

куртаи хоб

camisa de dormir

пижама

pijama

Сари

sari

рӯймол

mocador de cap

салла

turbant

ниқобу

burca

кафтан

caftan

абая

abaia

либоси обозӣ

vestit de bany

эзорчаи шиноварии мардона

calçon(et)s de bany

шорти

pantalons curts

либоси варзишӣ

xandall

пешбанд

davantal

дастпӯшак

guants

тугма

botó

айнак

ulleres

дастпона

braçalet

гарданбанд

collaret

ангуштарин

anell

гӯшвора

orellera

кулоҳ

casquet

либосовезак

penjador

кулоҳ

capell

галстук

corbata

занҷирак

cremallera

тоскулоҳ

casc

шимбардор

elàstics

либоси мактабӣ

uniforme escolar

либоси

uniforme

пешгир

pitet

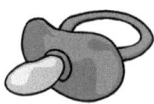

пистонак

xumet

подгузник

bolquer

сервер
servidor

чевони ҳуҷҷатмонӣ
armari arxivador

принтер
impressora

монитор
monitor

коғаз
paper

мизи хатнависӣ
escriptori

мушак
ratolí

ҷузъгир
arxivador

клавиатура
teclat

сабади партофхои коғазӣ
paperera

копютер
ordinador

курсӣ
cadira

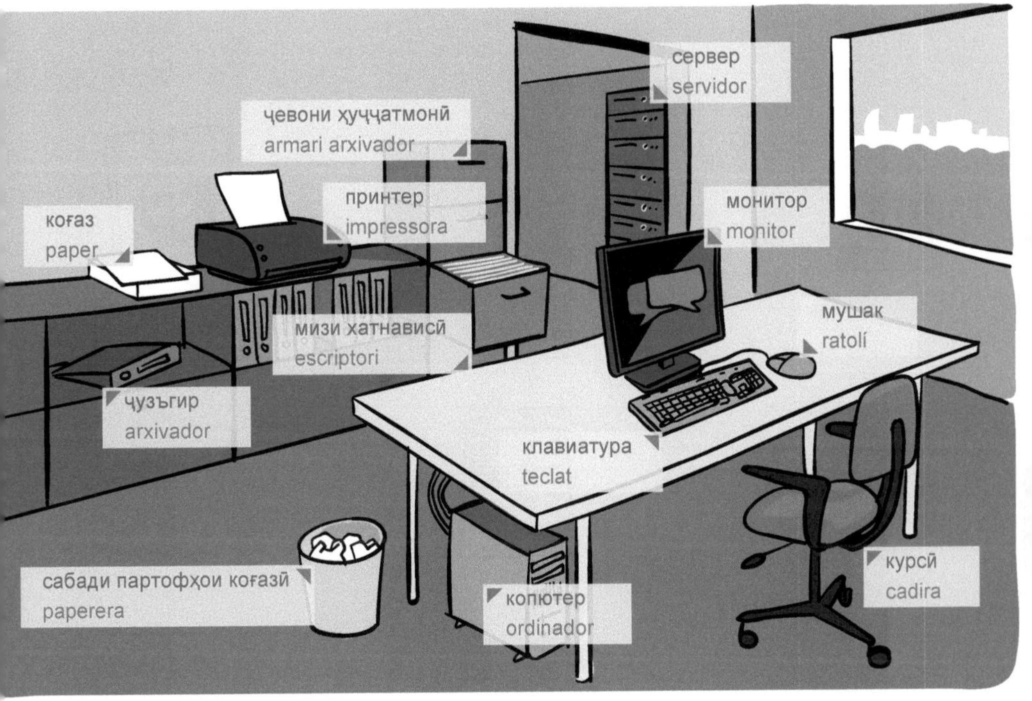

кружкаи қаҳванӯшӣ

tassa de cafè

калкулятор

calculadora

интернет

Internet

идора - oficina

ноутбук

ordinador portàtil

мактуб

lletra

хабар

missatge

телефони мобилй

mòbil

шабака

xarxa

нусхабардор

fotocopiadora

нармафзор

programari

телефон

telèfon

розетка

presa de corrent

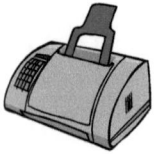

факс

fax

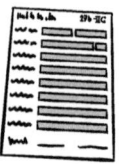

шакл

formulari

ҳуҷҷат

document

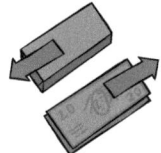  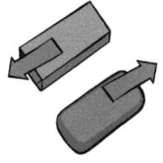

харидан	пардохт	савдо
comprar	pagar	comerciar

  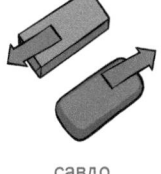

пул	доллар	евро
diners	dòlar	euro

йен	рубл	франки швейцариягӣ
ien	ruble	franc suís

юан	рупй	нуқтаи нақд
renminbi	rupia	calxa automàtica

нуқтаи мубодилаи асъор

oficina de canvi

тилло

or

нуқра

argent

равғани растанй

petroli

энерги

energia

нарх

preu

шартнома

contracte

андоз

impost

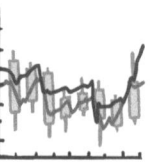

саҳмия

acció

кор

treballar

хизматчй

treballador

соҳибкор

empresari

завод

fàbrica

сехи

botiga

касбҳо
oficis

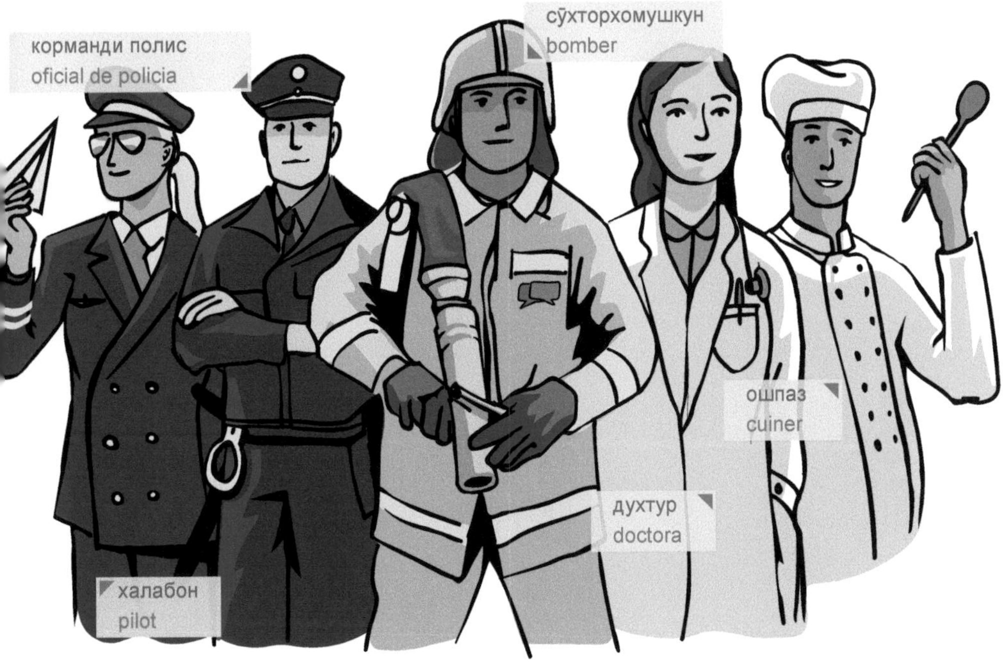
корманди полис
oficial de policia
сӯхторхомушкун
bomber
ошпаз
cuiner
духтур
doctora
халабон
pilot

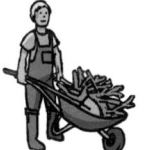

боғбон

jardiner

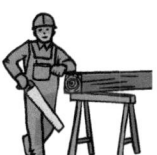

чӯбтарош

fuster

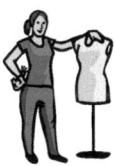

дӯзанда

costurera

судя

jutge

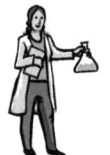

кимиёшинос

química

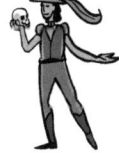

актер

actor

ронандаи автобус

conductor d'autobús

таксист

taxista

моҳигир

pescador

фаррошзан

dona de la neteja

устои бомпӯш

ensostrador

пешхизмат

cambrer

шикорчӣ

caçador

расом

pintor

нонвой

forner

барқ

electricista

сохтмончӣ

obrer de la construcció

инженер

enginyer

қассоб

carnisser

устои шабакаи об

llanterner

хаткашон

correu

сарбоз

soldat

меъмор

arquitecte

кассир

caixera

гулфурӯш

florista

сартарош

perruquer

кондуктор

revisor

механик

mecànic

капатан

capità

духтури дандон

dentista

олим

científic

хохом

rabí

имом

imam

шайх

monjo

саркоҳин

capellà

асбобҳо

eines

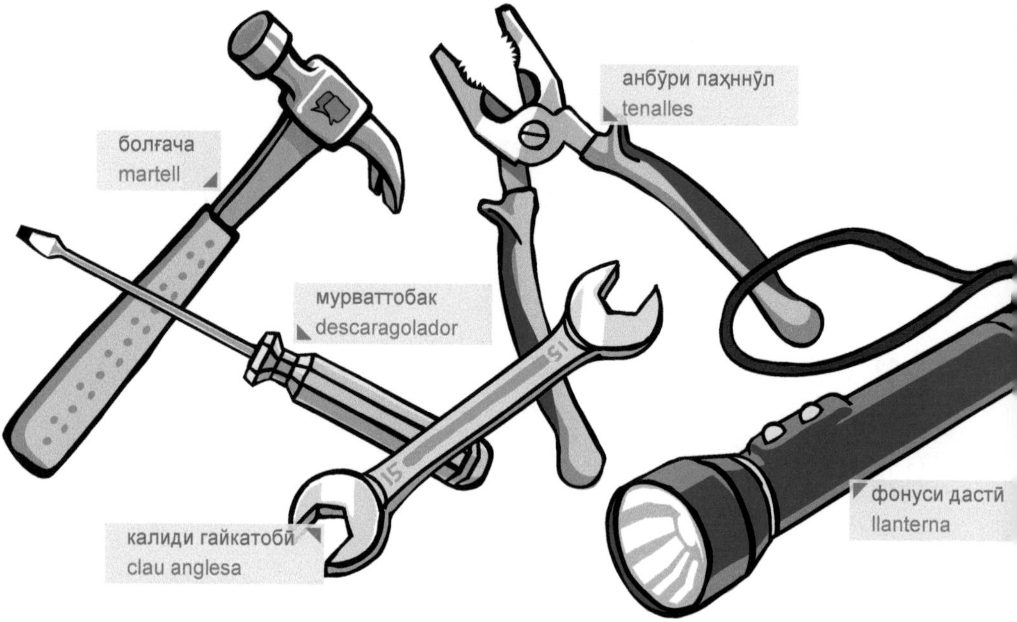

болғача
martell
анбӯри паҳннӯл
tenalles
мурваттобак
descaragolador
калиди гайкатобӣ
clau anglesa
фонуси дастӣ
llanterna

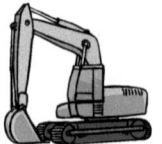

экскаватор

excavadora

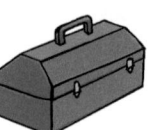

қутии асбобҳо

caixa d'eines

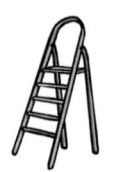

зинапоя

escala

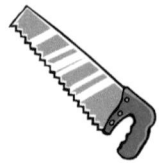

арра

serra

мехҳо

claus

пармаи электрикӣ

trepant

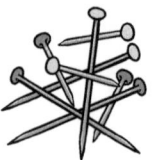

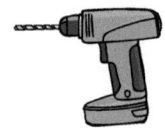

таъмир

reparar

бел

pala

Сабил монад!

Maleït siga!

белчаи хокрӯбагирӣ

pala

сатили ранг

pot de pintura

мехи печдор

caragols

асбобҳои мусиқӣ

instrument de música

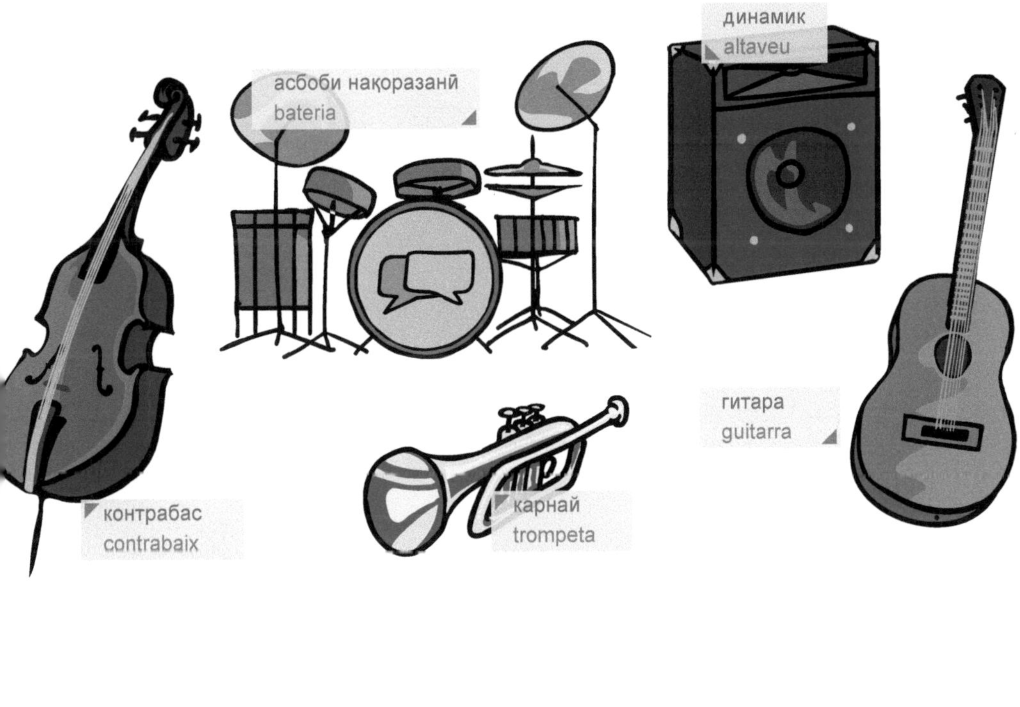

асбоби нақоразанӣ
bateria

динамик
altaveu

гитара
guitarra

контрабас
contrabaix

карнай
trompeta

пианино

piano

ғиҷҷак

violí

бас-гитара

baix

нақораи поядор

timbal

нақора

tambor

клавиатура

teclat

саксофон

saxofon

най

flauta

баландгӯяд

micròfon

боғи ҳайвонот

zoo

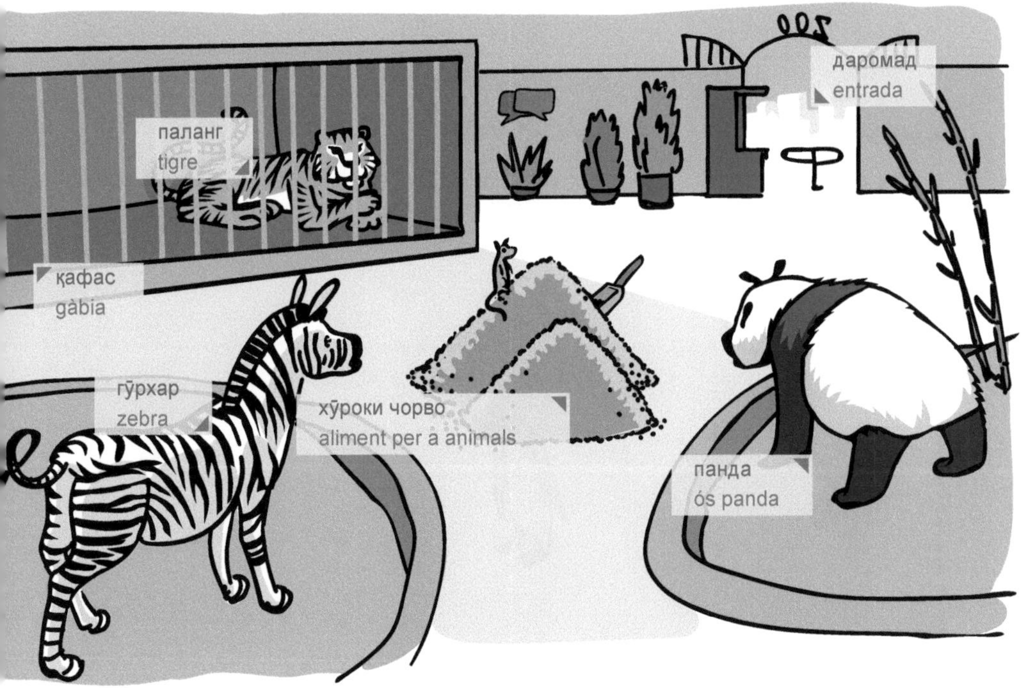
даромад
entrada
паланг
tigre
қафас
gàbia
гӯрхар
zebra
хӯроки чорво
aliment per a animals
панда
ós panda

ҳайвонот

animals

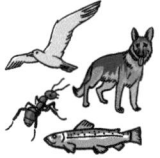

фил

elefant

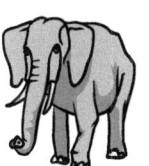

кенгуру

cangurú

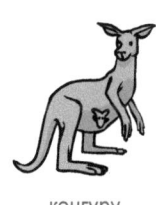

каркадан

rinoceront

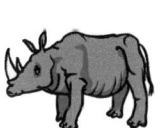

горилла

goril·la

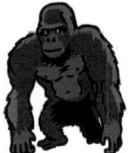

хирси бӯр

ós

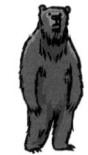

шутур

camell

шутурмурғ

estruç

шер

lleó

маймун

simi

бутимор

flamenc

тӯти

papagai

хирси сафед

ós polar

пингвин

pingüí

наҳанг

ca mari

товус

paó

мор

serp

тимсоҳ

cocodril

посбон

guardià del zoo

сил

foca

ягуар

jaguar

аспи кӯтоҳқад

poni

леопард

lleopard

баҳмут

hipopòtam

заррофа

girafa

уқоб

àliga

хуки ваҳшӣ

senglar

моҳӣ

peix

сангпушт

tortuga

морж

morsa

рӯбоҳ

guineu

ғизол/оҳу

gasela

футболи амрикои
futbol americà

велосипедронӣ
ciclisme

теннис
tenis

баскетбол
bàsquet

шиноварӣ
natació

бокс
boxa

хоккей
hoquei sobre gel

футбол
futbol americà

бадмингтон
bàdminton

атлетика
atletisme

гандбол
handbol

лижаронӣ
esquí

тӯббозӣ бо асп
polo

фаъолият
activitats

ханда
riure
паридан
saltar
оғӯш гирифтан
abraçar
пиёда рафтан
anar
шеър хондан
cantar
орзӯ кардан
somiar
ибодат кардан
pregar
бӯса кардан
fer un petó

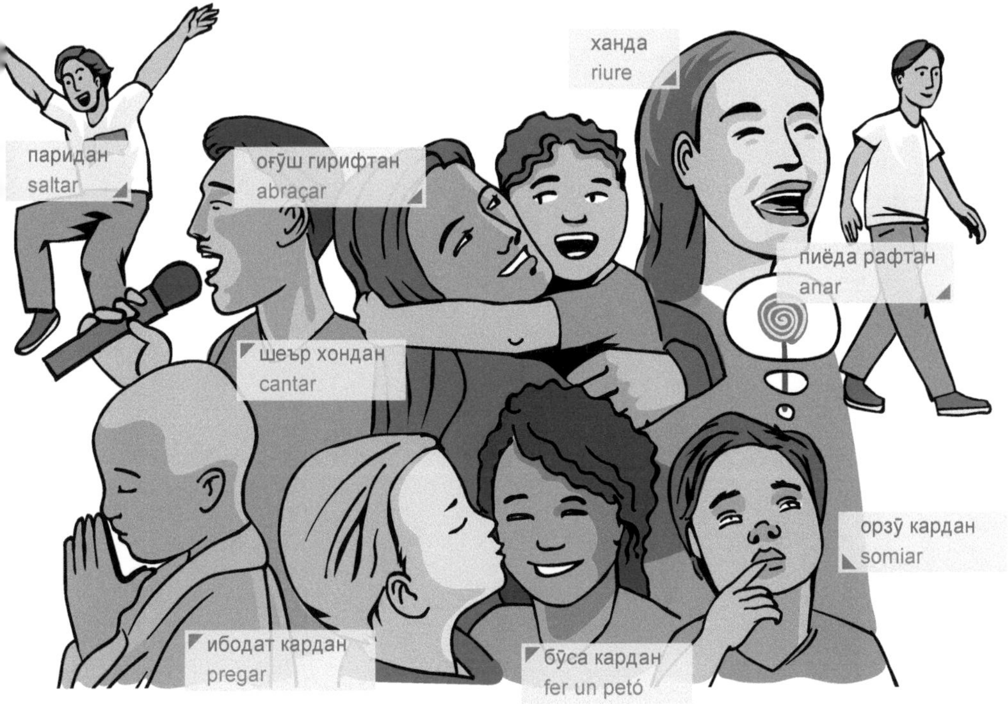

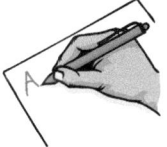

навиштан
escriure

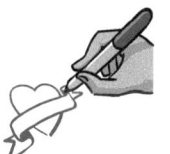

кашидан
dibuixar

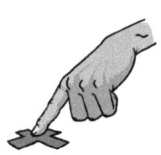

нишон додан
mostrar

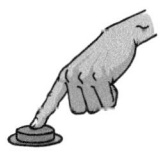

тела додан
pitjar

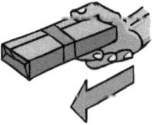

додан
donar

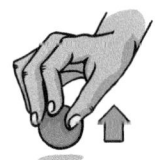

гирифтан
prendre

доранд

tenir

кор

fer

бошад

ésser

истодан

estar dret

давидан

córrer

кашидан

estirar

партофтан

llançar

афтидан

caure

дароз кашидан

jeure

интизор шудан

esperar

бардошта бурдан

portar

нишастан

asseure's

либос пӯшидан

vestir-se

хобин

dormir

бедор шудан

despertar-se

нигоҳ кардан

mirar

гиря кардан

plorar

сила кардан

amoixar

шона

pentinar

гап задан

parlar

фаҳмидан

comprendre

пурсидан

demanar

гӯш кардан

escoltar

нӯштдан

beure

хӯрдан

menjar

ғундоштан

endreçar

ишқ

estimar

ошпаз

cuinar

рондан

conduir

парвоз кардан

volar

бо бодбон ҳаракат кардан

navegar

ҳисоб кардан

calcular

хондан

llegir

омӯхтан

aprendre

кор

treballar

оиладор шудан

casar-se

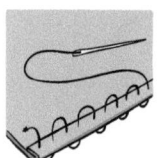

дӯхтан

cosir

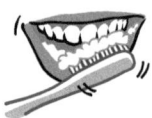

дадон шӯстан

raspallar-se les dents

куштан

matar

дуд

fumar

фиристодан

enviar

биби
àvia

бобо
avi

падар
pare

модар
mare

кӯдак
nadó

хоҳар
filla

писар
fill

мехмон

convidat

хола

tia

амак

oncle

бародар

germà

хоҳар

germana

бадан

cos

пешонӣ
front
чашм
ull
китф
espatlla
ангушт
dit
рӯй
cara
манаҳ
barbeta
панҷаи даст
mà
қафаси сина
pit
пой
cama
даст
braç

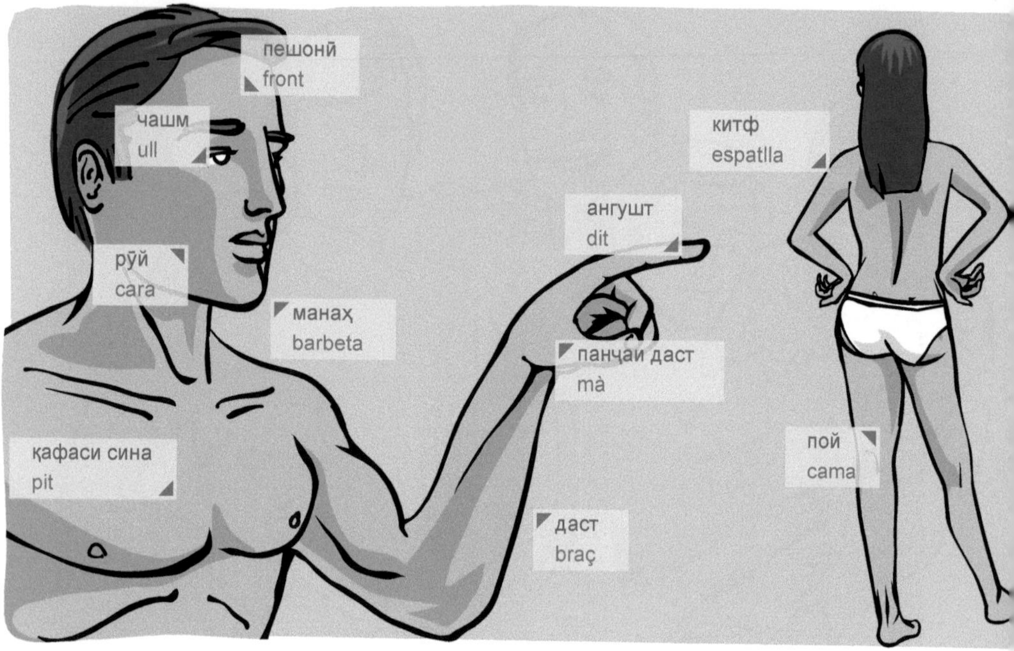

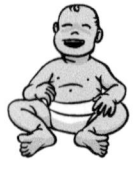

кӯдак

nadó

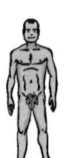

мард

home

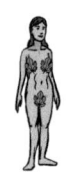

зан

dona

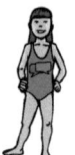

духтар

noia

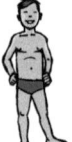

писар

noi

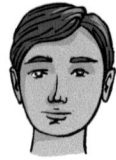

сар

cap

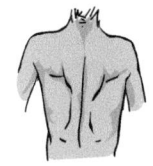

пушт

esquena

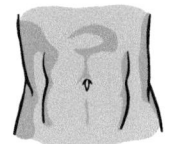

шикам

panxa

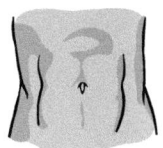

ноф

melic

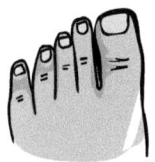

ангушти пой

dit gros del peu

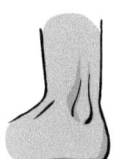

пошнаи пой

taló

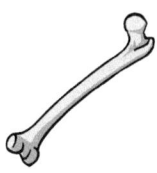

устухон

os

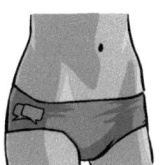

рон

maluc

зону

genoll

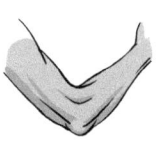

оринч

colze

бинй

nas

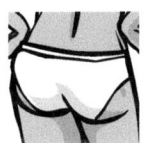

таг

cul

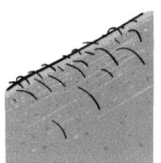

пӯст

pell

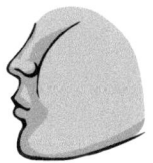

рухсора

galta

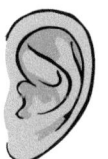

гӯш

orella

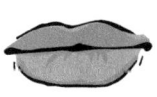

лаб

llavi

даҳон

boca

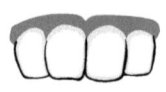

дадон

dent

забон

llengua

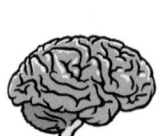

майнаи сар

cervell

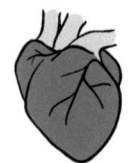

дил

cor

мушак

múscul

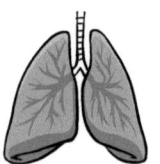

шуш

pulmó

ҷигар

fetge

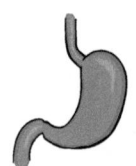

меъда

estómac

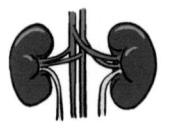

гурдаҳо

ronyó

алоқаи ҷинсӣ

relació sexual

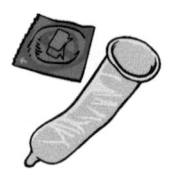

рифола

preservatiu

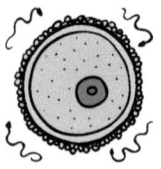

тухмҳуҷайра

ovari

нутфа

semen

ҳомиладорӣ

prenyat

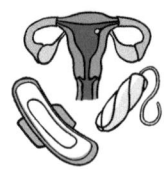

хайз

menstruació

махбал

vagina

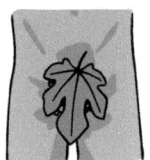

кер

penis

абрӯ

cella

мӯй

cabells

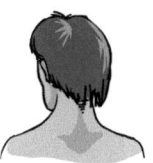

гардан

coll

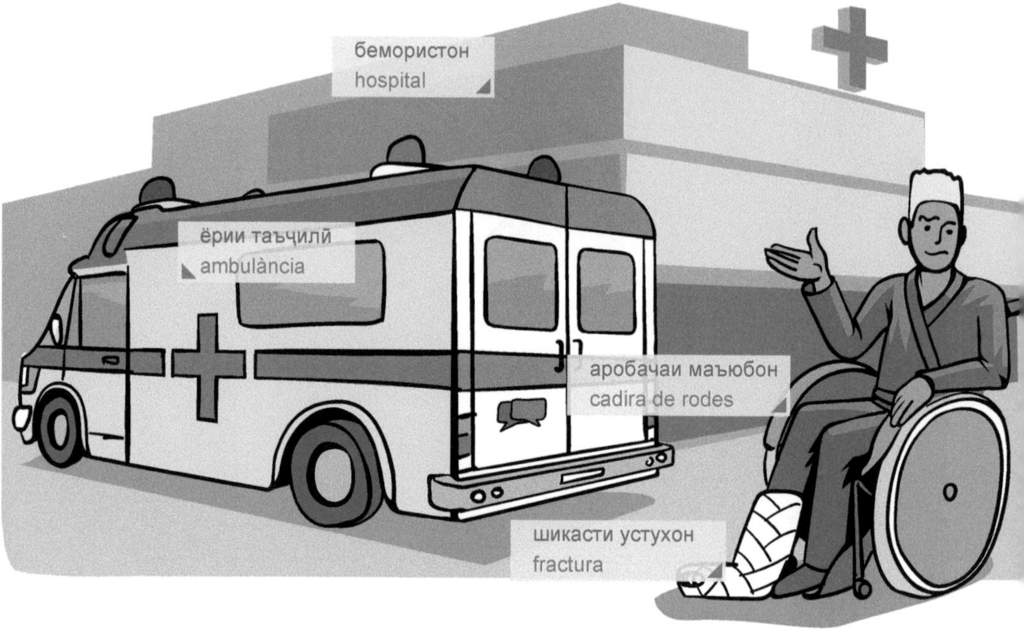

бемористон
hospital

бемористон
hospital
ёрии таъҷилӣ
ambulància
аробачаи маъюбон
cadira de rodes
шикасти устухон
fractura

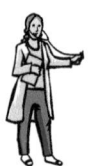

духтур

doctora

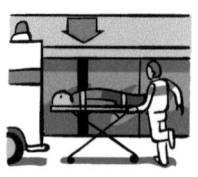

ҳуҷраи ёрии фаврӣ

sala d'urgències

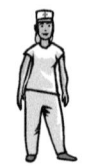

ҳамшираи тиббӣ

infermera

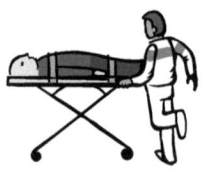

ҳолати фавқулодда

urgència

беҳуш

inconscient

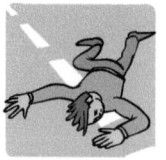

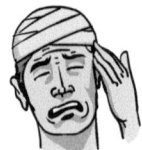

дард

dolor

чароҳат

ferida

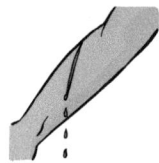

хунравй

sagnament

дилзанак

atac de cor

сактаи майна

apoplexia

аллергия

al·lèrgia

сулфа

tos

табларза

febre

грипп

gripa

шикамравй

diarrea

сардард

mal de cap

саратон

càncer

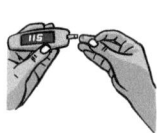

диабет

diabetis

чарроҳ

cirurgià

скалпел

escalpel

чаррохй

operació

Томографияи компютерй

tomografia computada (TC), TAC

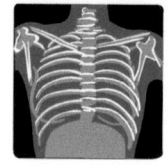

шӯъои ренгенй

raigs x

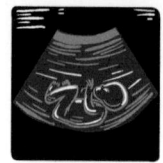

ултрасадо

ultrasò

ниқоби рӯй

mascareta

беморй

malaltia

ҳучраи интизорй

sala d'espera

асобағал

crossa

марҳам

tireta

дока

embenat

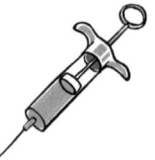

сӯзандору

injecció

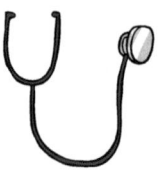

стетоскоп

estetoscopi

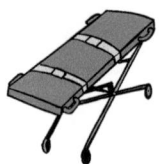

занбар

llitera

ҳароратсанч

termòmetre clínic

таваллуд

pariment

вазни зиёдатй

sobrepès

тачхизоти шунавой

aparell auditiu

моддаи безараргардонй

desinfectant

инфексия

infecció

вирус

virus

ВИЧ / СПИД

VIH / SIDA

дору

medicina

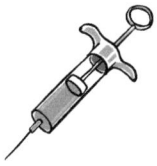

ваксинатсия

vaccí

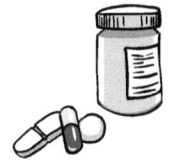

хабхо

comprimits

хаб

píl·lola

занги изтирорй

trucada d'urgència

монитори фишори хун

tensiòmetre

бемор/солим

malalt / sà

Кумак!

Socors!

ҳучум

assalt

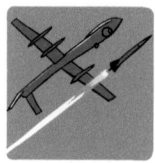

ҳамла

atac

хатар

perill

баромадгоҳи таҳлиявӣ

sortida-eixida d'urgència

ҳушдор

alarma

Сӯхтор!

Foc!

оташнишон

extintor

садама

accident

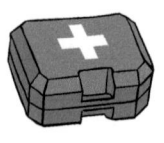

дорукуттӣ

farmaciola de primers
auxilis

бонги хатар

SOS

полис

policia

Аврупо

Europa

Америкаи Шимолй

Amèrica del Nord

Америкаи Ҷанубй

Amèrica del Sud

Африка

Àfrica

Осиё

Àsia

Австралия

Austràlia

Уқёнуси Атлантик

Atlàntic

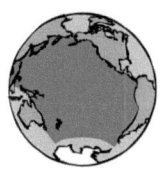

Уқёнуси Ором

Pacífic

Уқёнуси Ҳинд

Oceà Índic

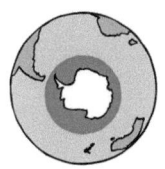

Уқёнуси Антарктика

Oceà Antàrtic

Уқёнуси Арктика

Oceà Àrtic

Қутби шимол

pol nord

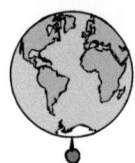

Қутби ҷануб

pol sud

Антарктика

Antàrtida

замин

terra

замин

país

баҳр

mar

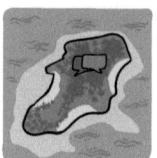

ҷазира

illa

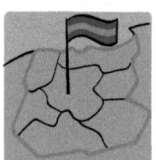

миллат

nació

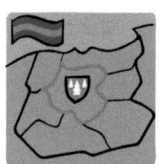

давлат

estat

сиферблат

quadrant

ақрабаки соат

agulla de les hores

ақрабаки дақиқашумор

agulla dels minuts

ақрабаки сонияшумор

agulla dels segons

Соат чанд?

Quina hora és?

рӯз

dia

замон

temps

ҳозир

ara

соати электронӣ

rellotge digital

лаҳза

minut

соат

hora

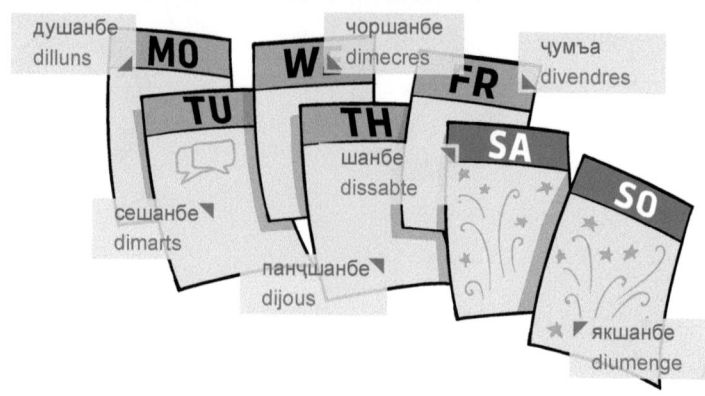

душанбе
dilluns

MO

W чоршанбе
dimecres

FR чумъа
divendres

TU

TH
шанбе
dissabte

SA

SO

сешанбе
dimarts

панҷшанбе
dijous

якшанбе
diumenge

дирӯз
ahir

имрӯз
avui

фардо
demà

пагоҳирӯзӣ
matí

нимрӯз
migdia

шом
tarda

MO	TU	WE	TH	FR	SA	SU
1	2	3	4	5	6	7
8	9	10	11	12	13	14
15	16	17	18	19	20	21
22	23	24	25	26	27	28
29	30	31	1	2	3	4

рӯзҳои корӣ
dia feiner

MO	TU	WE	TH	FR	SA	SU
1	2	3	4	5	6	7
8	9	10	11	12	13	14
15	16	17	18	19	20	21
22	23	24	25	26	27	28
29	30	31	1	2	3	4

истироҳат
cap de setmana

сол

any

борон
pluja
рангинкамон
arc de Sant Martí
шамол
vent
барф
neu
баҳор
primavera
тирамоҳ
tardor
тобистон
estiu
зимистон
hivern

4.APRIL 11°
5.APRIL 4°
6.APRIL 13°
7.APRIL 8°
8.APRIL 10°

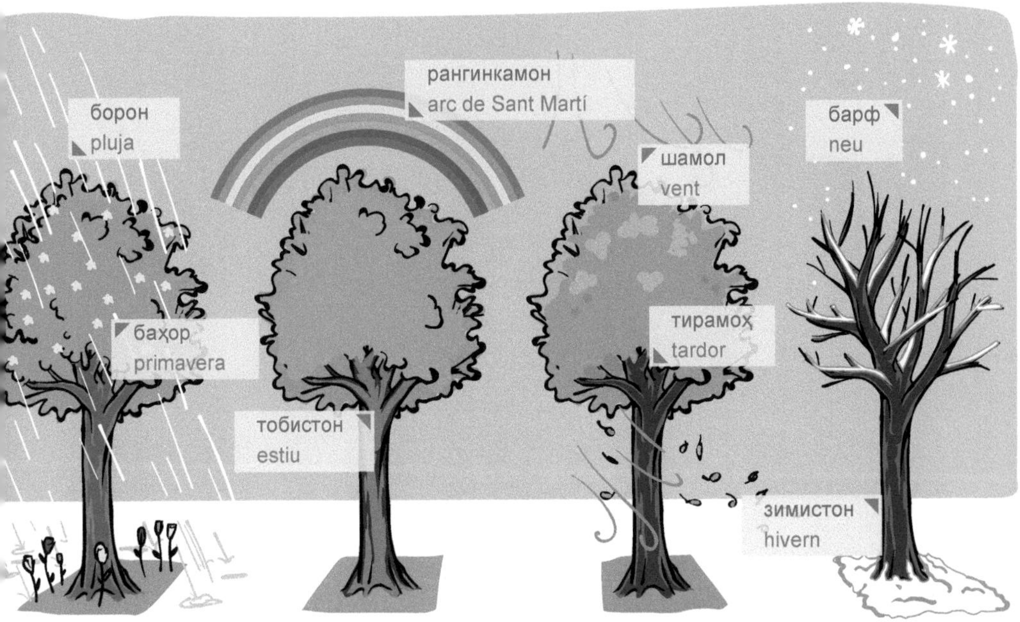

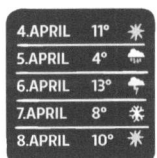

Обу ҳаво

pronòstic del temps

F C
120 40
90 30
60 20
30 10
0 0
-30 -10
-20

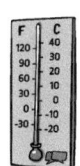

ҳароратсанҷ

termòmetre

равшании офтоб

llum del sol

абр

núvol

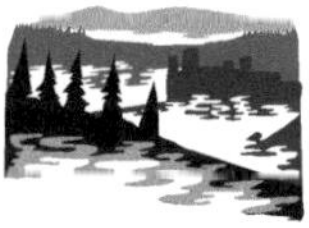

туман

boira

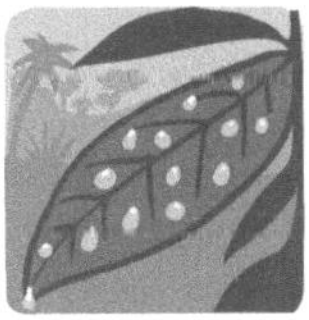

намнок

humiditat de l'aire

барқ

llamp

тундар

tro

тӯфон

tempesta

жола

calamarsa

муссон

monsó

обхезй

inundació

ях

gel

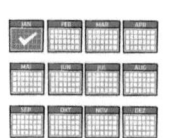

январ

gener

феврал

febrer

март

març

апрел

abril

май

maig

июн

juny

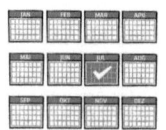

июл

juliol

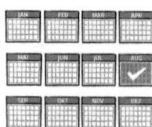

август

agost

сол - any

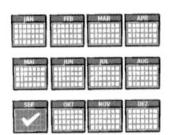

сентябр
....
setembre

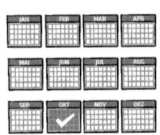

октябр
....
octubre

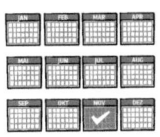

ноябр
....
novembre

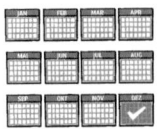

декабр
....
desembre

давра
....
cercle

мураббаъ
....
quadrat

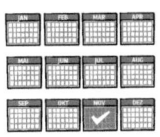

росткуньа
....
rectangle

секуньа
....
triangle

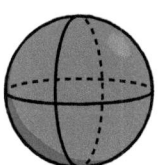

соньаи
....
esfera

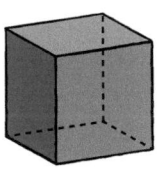

мукааб
....
cub

гулобӣ

blanc

хокистаранг

groc

зард

taronja

бунафшранг

rosa

сурх

vermell

қаҳваранг

lila

кабуд

blau

сиёҳ

verd

кабуд

marró

сафед

gris

сабз

negre

бисёр/кам

molt / poc

хашмгин / ором

emprenyat / tranquil

зебо/безеб

bonic / lleig

оғози / охири

començament / fi

калон/хурд

gran / petit

дурахшон / торик

clar / fosc

бародари / хоҳар

germà / germana

тоза/чиркин

net / brut

пурра / нопурра

complet / incomplet

рӯзи / шаб

dia / nit

мурдагон / зинда

mort / viu

кушод/танг

ample / estret

хӯрданӣ /
хӯрданашаванда
comestible / immenjable

бад/нек
....
dolent / amable

ба ҳаяҷон / дилгир
....
entusiasmat / entediat

ғавс/борик
....
gros / prim

якум/охирин
....
primer / darrer

Дӯсти / душмани
....
amic / enemic

пур/холӣ
....
ple / buit

сахт/мулоим
....
dur / tou

вазнин/сабук
....
pesant / lleuger

гуруснагӣ / ташнагӣ
....
gana / set

бемор/солим
....
malalt / sà

ғайриқонунӣ / ҳуқуқӣ
....
il·legal / legal

соҳибақл / беақл
....
intel·ligent / ximple

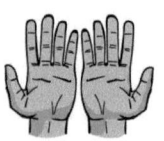

рост/чап
....
esquerra / dreta

наздик/дур
....
prop / llunyà

нави / истифода бурда
мешавад

nou / usat

хеҷ / чизе

res / quelcom

пир/ҷавон

vell / jove

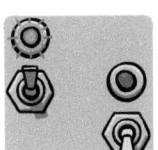

оид / хомӯш

encès / apagat

кушода/пӯшида

obert / tancat

паст/баланд

silenciós / sorollós

бой/камбағал

ric / pobre

дуруст/нодуруст

correcte / incorrecte

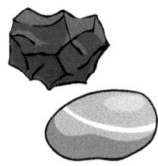

дурушт/ҳамвор

aspre / suau

ғамгин/хушбахт

trist / content

кӯтоҳ/дароз

curt / llarg

оҳиста/тез

lent / ràpid

тар/хушк

humit / sec - eixut

гарм / сард

calent / fred

ҷанг / сулҳ

guerra / pau

0

нол

zero

1

як

u

2

ду

dos

3

се

tres

4

чор

quatre

5

панҷ

cinc

6

шаш

sis

7

ҳафт

set

8

ҳашт

vuit

9

нӯҳ

nou

10

даҳ

deu

11

ёздаҳ

onze

12

дувоздаҳ

dotze

13

сензда ҳ

tretze

14

чордаҳ

catorze

15

понздаҳ

quinze

16

шонздаҳ

setze

17

ҳабдаҳ

disset

18

ҳаждаҳ

divuit

19

нуздаҳ

dinou

20

бист

vint

100

сад

cent

1.000

ҳазор

mil

1.000.000

миллион

milió

англисй
....
anglès

англисии амрикой
....
anglès americà

мандарини хитой
....
xinès mandarí

ҳиндй
....
hindi

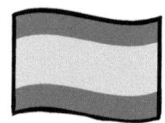

испанй
....
espanyol

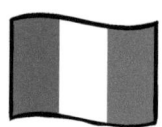

фаронсавй
....
francès

арабй
....
àrab

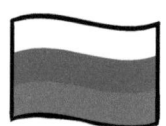

русй
....
rus

португалй
....
portuguès

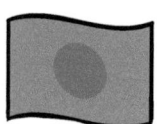

бенгалй
....
bengalí

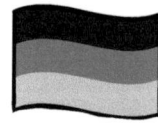

олмонй
....
alemany

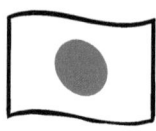

чопонй
....
japonès

ман
jo

шумо
tu

Ӯ / вай / он
ell / ella / allò

мо
nosaltres

шумо
vosaltres

онҳо
ells

ки?
qui?

чй?
què?

Чӣ хел?
com?

дар куҷо?
on?

кай?
quan?

ном
nom

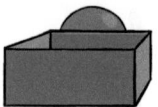

аз паси

darrere

дар

en

дар пеши

davant de

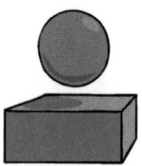

дар болои

damunt

дар рӯи

sobre

дар зери

sota

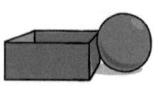

дар назди

al costat

миёни

entre

ҷой

lloc